HISTOIRE

DE LA

BATAILLE ELECTORALE

DE 1827,

RÉDIGÉE PAR UN GENDARME,

AVEC DES NOTES

PAR UN TAMBOUR DE LA COMPAGNIE.

Paris,

CHEZ LES MARCHANDS DE NOUVEAUTÉS.

—

1827.

HISTOIRE

DE LA

BATAILLE ÉLECTORALE

DE 1827.

IMPRIMERIE DE GUIRAUDET,
RUE SAINT-HONORÉ, Nº 315.

HISTOIRE

DE LA

BATAILLE ÉLECTORALE

DE 27.

J'ai lu, dans mon jeune temps, qu'un ancien troupier nommé César écrivait pendant la nuit les actions d'éclat qu'il avait faites pendant le jour. C'est gentil, mais ça ne m'étonne pas : car, on me croira si l'on veut, je ne suis pas un César (1), et cependant je ne mets aujourd'hui la main à la plume que pour tracer l'histoire des événements où j'ai eu l'avantage de figurer le sabre à la main. Si César se vante d'avoir conquis les *Gaules*, je puis me flatter d'avoir joli-

---

(1) Modeste et du talent ! Je n'aurais pas mieux dit.

ment frotté les lampions (1), et s'il a passé le Ru-
bicon, j'ai franchi les barricades. Ce que j'en
dis n'est pas pour me vanter, mais seulement
pour montrer qu'on peut avoir du courage et
du génie, et qu'il y a quelquefois de l'esprit dans
une tête coiffée d'un chapeau à trois cornes.

Depuis quelque temps, les bons gendarmes se
disaient à l'oreille, dans le quartier, qu'il y aurait du grabuge incessamment. On parlait d'une
excellence que le *civil*, qui n'est pas toujours
poli, ne trouvait pas excellente du tout, et qui,
pour faire voir qu'elle n'avait pas peur, avait
cassé aux gages les espèces de beaux parleurs
qui, en gesticulant au Palais-Bourbon, s'imagi-
naient faire dénicher son excellence de la rue de
Rivoli. C'est beau des paroles; mais ça fait du
bruit et voilà tout. Ce n'est pas avec des discours
qu'on empoigne les récalcitrants, et quand il
s'agit de guerre, ce sont des actions qu'il faut.
Or c'était de guerre que l'on parlait au quartier,

---

(1) Il y a pourtant des gens qui osaient dire que les
lampions nous avaient frottés! Si cela était, il me semble qu'il y paraîtrait, et alors nous ne pourrions pas
nous flatter d'être les vainqueurs de la graisse.

et comme il n'y a point de fumée sans feu, *le Moniteur* ne tarda pas à annoncer que les hostilités commenceraient le 17 novembre.

Il arrive souvent, à ce que j'ai ouï dire, que les armées se battent sans savoir pourquoi (1); on se fusille, on se mitraille, on avance, on recule ; puis, quand on est las, on enterre les morts, on renvoie les blessés, on fait la paix, et tout le monde est content. Mais ici le cas était bien différent ; le sujet de la guerre était bien connu : il s'agissait de savoir si les truffes étaient préférables aux belles phrases, et si les dindons devaient l'emporter sur les pékins vulgairement appelés contribuables. Quant à la première question, j'avoue qu'il me serait difficile de la résoudre : car les truffes, on n'en voit guère, ou plutôt on n'en voit pas à la cuisine du quartier; et pour ce qui est des phrases, les vrais gendarmes, les bons gendarmes n'en font qu'en pantomime. Mais pour la seconde, c'est autre chose,

---

(1) Cela n'est pas exact. Je suis ton ennemi, tu es mon ennemi : nous sommes donc des ennemis. Je te tue, tu me tues, j'en tue un autre : c'est juste, et tout finit par là.

amis et protecteurs-nés des dindons, nous con-
naissons les pékins, et nous leur avons plus
d'une fois montré de quel bois nous nous chauf-
fons. Aussi il passait pour certain dans la caserne qu'ils seraient enfoncés à la première affaire, et la victoire nous paraissait tellement as-
surée, que l'on dormait généralement sur les
deux oreilles, en attendant le moment du tremblement. Seulement, dans les entr'actes de la
soupe et des corvées, les uns faisaient aiguiser
leurs sabres, et les autres garnissaient leurs gibernes.

Cependant l'ennemi, qui n'ignorait pas nos
préparatifs, n'en paraissait pas plus effrayé, et
le télégraphe (1) apportait à chaque instant des
nouvelles qui, malgré nos bonnes dispositions,
et le courage dont nous avons fait preuve dans
une foule de circonstances analogues, ne lais-
saient pas de donner de sérieuses inquiétudes au
grand-maître de l'hôtel Rivoli. Nous apprîmes
dans le même temps que les brigades des dépar-
tements recevaient *des ordres* pour prendre po-

---

(1) Télégraphe, espèce de moulin à paroles dont on
se sert pour demander des voix.

sition. Les proclamations de messieurs les préfets allaient leur train ; les guerriers du *tourniquet* étaient sous les armes, et les troupes *grises* manœuvraient dans toutes les directions. Malgré ces excellentes dispositions, l'insolence des insurgés allait croissant ; ils disaient hautement dans leurs journaux que nous serions battus ; ils allaient jusqu'à spécifier le jour et l'heure de notre défaite, et il est même probable qu'ils auraient d'avance chanté le *Te Deum* s'ils avaient été dévots. Notre colonel, lui, riait de tout cela ; il nous passait en revue chaque matin ; et, en voyant nos sabres si bien aiguisés, nos baïonnettes si bien affilées, nos gibernes si bien garnies et l'air martial qui nous distingue depuis la première corne du chapeau jusqu'à la troisième capucine du fusil, il se disait en se frottant les mains : Voici des gaillards qui valent à eux seuls quarante colléges de pékins ; je connais leur port d'arme, et son excellence peut compter sur eux.

Les choses en étaient là, lorsque, le 16 au matin, on apprit que l'ennemi faisait de grands préparatifs pour se réunir par sections. Aussitôt un grand nombre d'entre nous reçut l'ordre d'endosser l'uniforme du civil, et d'aller en tirailleurs se loger dans les maisons voisines des différents quartiers généraux choisis par les in-surgés, on se mit en marche au même instant. Mais on ne tarda pas à reconnaître que les dispositions avaient été mal prises : les habitants de ces maisons refusèrent positivement de nous recevoir, et déclarèrent que, si nous insistions, ils étaient disposés à repousser la force par la force. En vain nos brigadiers, en redingote *maròn*, essayèrent-ils de faire comprendre aux récalcitrants que nous étions les soutiens de la bonne cause ; ils ajoutèrent que les bourgeois de la capitale étaient trop honnêtes pour ne pas sentir qu'il vallait mieux avoir un bon ventre qu'une mauvaise tête, et que les truffes, dindons et autres projectiles de la même espèce, étaient préférables aux plus beaux discours : les pékins ne voulurent rien entendre, et nous fûmes obligés de reconnaître que les dindons n'étaient pas de leur goût, ce qui nous parut fort extraordinaire, vu la quantité et le bas prix de ce volatille.

Cependant ce premier échec fit peu de sensation parmi nous. Ne pouvant pas pénétrer dans le camp des insurgés, on résolut de se placer en observation dans les environs ; de nombreuses et fortes patrouilles commencèrent à circuler ; les postes furent doublés, les fusils chargés, et nous attendîmes de pied ferme les premiers mouvements de l'ennemi.

Le 17 au point du jour nos postes avancés remarquèrent une grande agitation dans le camp ennemi ; les colonnes d'insurgés commençaient à se former ; bientôt on les passa en revue ; les chefs leur adressèrent des discours énergiques, et qui produisirent un effet tel que quelques soldats de la ligne grise qui s'étaient glissés dans les rangs de ces enragés les quittèrent précipitamment, tant ils furent effrayés des menaces terribles qui venaient d'être faites aux faux-frères. Quant à nous, calmes et immobiles, l'arme au bras et les pieds dans le ruisseau (1), nous attendions le signal du combat.

De leur côté les insurgés, bien qu'étant bloqués de toutes parts, n'en continuaient pas moins

---

(1) Comme il faut rendre justice à chacun, nous devons dire que le bataillon des balayeurs avait tellement manqué son service, qu'une boue froide et indiscrète pénétrait, malgré les boutons de guêtres, dans la chaussure des bons gendarmes.

leurs mouvements avec les apparences de la plus grande sécurité. A chaque instant nos éclaireurs nous apportaient des nouvelles affligeantes ; nos alliés, les électeurs à la main, avaient, au premier choc, été repoussés avec perte, les ouvrages avancés des ministériels enlevés, leurs postes provisoires culbutés et les immobiles enfoncés sur toute la ligne. Nous seuls, calmes et impassibles, faisions encore face à l'ennemi en soufflant dans nos doigts, car la bise était rude, et quoique le feu du courage qui nous animait ne se fût pas ralenti un seul instant, on pouvait s'apercevoir aisément que nous n'étions pas dans notre assiette ordinaire.

Plusieurs heures s'étaient écoulées sans que notre pénible situation eût changé ; mais l'ennemi était devenu plus calme ; formés en bataillons serrés, les insurgés paraissaient indécis, et nous ne doutions pas que notre contenance ferme et le courage avec lequel nous avalions le brouillard depuis près de douze heures n'eussent opéré ce changement subit ; déjà même plusieurs lettrés de la compagnie se disposaient à prendre note de cet immense avantage, lorsque des cris de victoire partis du camp ennemi vinrent les interrompre ; nous apprîmes presque aussitôt que, restés maî-

es du terrain , les insurgés s'avançaient en bon
rdre à la conquête qu'ils avaient méditée. La
rise était terrible ; chacun de nous sentait que
'était le moment de se montrer. Ce fut aussi l'a-
/is de nos chefs : en conséquence, le tambour
Je la compagnie battit la retraite, et nous mar-
châmes au pas de charge vers notre caserne, où
chacun se délassa des fatigues de cette terrible
journée.

Bien des gens, dans leur imaginative hyperbo-
réenne, s'imaginent que tout est sucre dans l'é-
tat de gendarme ; il en est même qui , dans leur
enthousiasme belliqueux, se sont écriés :

Un grenadier c'est un rose !

A la bonne heure, et un gendarme aussi ;
mais ce n'est pas au mois de novembre, et
après une faction de douze heures sur le pavé
de la capitale : car il n'en faut pas tant pour
faire tomber les feuilles , et l'on sait ce que c'est
qu'une rose sans feuilles. Quoi qu'il en soit, et
malgré l'échec que nous ne pouvions nous dissi-
muler, la nuit se passa tranquillement ; je puis
même dire que l'on aurait pu se croire en pleine
paix , et la tranquillité n'eût pas été troublée

seul instant si quelques uns des nôtres n'avaient été incommodés par un terrible cauchemar : ces braves rêvaient lampions ; ils en voyaient de toutes les couleurs que leurs sabres ne pouvaient atteindre, et dans leur ind'gnation plusieurs s'éveillèrent en criant : *A la garde!* ce qui fut cause que tout le quartier fut sur pied en un instant, et que déjà nos cavaliers sellaient leurs chevaux pour aller chercher du renfort, lorsque l'on reconnut que ce n'était qu'une fausse alerte.

Nos gens, qui n'étaient encore qu'à moitié remis des secousses de la veille, se disposaient à se remettre sur le flanc; mais il était écrit qu'il en serait autrement. Bien qu'il fît encore nuit, on savait au quartier que le jour du danger était venu, et la diane battit immédiatement, ce qui fut sur le point de causer de graves accidents parmi les nôtres : car les uns, ayant mis précipitamment les pieds par terre, faillirent attraper des rhumes conséquents, maladie très dangereuse et fort connue de la gendarmerie de Paris(1); et les autres, s'éveillant à regret, furent

---

(1) Cette maladie est d'autant plus à redouter main-

subitement atteints de bâillements terribles et capables d'avoir les plus funestes résultats pour une grande partie des mâchoires du régiment.

Cependant, comme il est ordinaire que les obstacles ne fassent qu'enflammer davantage le courage des braves, ces différents revers n'empêchèrent pas que tout le monde fut bientôt sur pied. On se mit en marche avec autant de résolution que la veille ; mais, à peine arrivés aux environs du champ de bataille, nous apprîmes que nos affaires étaient presque désespérées. Les insurgés avaient déployé des forces telles, que nous fûmes contraints, comme la veille, de passer la journée en observation ; et, sur le soir, des cris de victoires, plus nombreux que le jour précédent, et une certaine quantité de lampions arborés sur les fenêtres anti-ministérielles, nous convainquirent que cette fois l'avantage était encore tout entier du côté de nos adversaires. Malgré cela, il se trouva dans nos rangs, et surtout parmi notre cavalerie,

---

tenant, que, je le sais de bonne part, les épiciers se sont engagés par serment à ne plus vendre de réglisse aux bons gendarmes.

un quelques intrépides disposés à disputer le terrain ; quelques sabres furent mis hors du fourreau ; plusieurs fantassins du premier rang croisèrent la baïonnette. Mais cette effervescence se calma promptement, comme la veille ; la retraite sonna, et, entre le premier *ra* et le troisième *fla* (1), les glaives reprirent leur position pacifique.

La nuit et la plus grande partie de la journée du 19 se passèrent tranquillement. Vers deux heures de relevée, on reçut au quartier des ordres du palais de Rivoli, et il se fit immédiatement une distribution extraordinaire de vin, d'eau-de-vie et de cartouches. Cela ne me parut pas surprenant, vu les marches, contre-marches, factions et patrouilles que nous avions faites pendant les deux jours précédents. Cependant, comme je me pique de voir ordinairement plus loin que le commun des bons gendarmes, et que j'ai d'ailleurs une exprérience qui manque à la plupart des camarades, je me dis à part

---

(1) Nouvelle erreur topographique : ce fut entre le deuxième *ra* et le quatrième *fla*.

moi/ qu'il y avait quelque chose là-dessous ; je soupçonnai qu'il s'agissait d'un coup de main tel, que le grand maître de l'hôtel Rivoli jugeait prudent, avant de l'entreprendre, de retremper convenablement notre valeur (1), et je fus bientôt convaincu que, ainsi que cela m'arrive toujours, j'avais deviné juste.

Quatre heures venaient de sonner, le jour baissait, presque tous les réverbères du quartier jetaient de pâles clartés sur les armes des sentinelles, lorsque tout à coup le rappel battit sur tous les points. On court, on se rassemble ; notre commandant réclame le silence, et d'une voix forte prononce le discours suivant :

« Bons gendarmes, l'ennemi, fier d'un suc-
« cès passager, et comptant trop sur ses forces
« et sur votre découragement, se livre en ce
« moment à l'ivresse de la joie ; audacieux par-
« tisans des lumières, c'est à la lueur d'une
« multitude de lampions séditieux et félons
« qu'ils célèbrent leurs victoires, et c'est par

---

(1) Cela était facile à deviner ; il y avait huit jours qu'on la trompait cette valeur, et l'on peut dire qu'elle n'était pas plus molle pour ça.

« des cris de joie qu'ils répondent aux exclama-
« tions que la douleur arrache au grand maître
« de l'hôtel Rivoli. » (A ce nom révéré, tous les
bons gendarmes portent spontanément la main
à leur chapeau.) « Mais c'est bien ici le cas
« de dire que *tel rit le matin, qui pleurera*
« *le soir.* Ces farouches partisans de la tran-
« quillité, ces barbares qui osent soutenir que
« le ventre n'est pas une partie noble, ces fé-
« roces électeurs qui veulent que tout le monde
« vive, ces furieux enfin, osent chanter leur
« victoire jusque sous les balcons de nos maî-
« tres ! Bons gendarmes, prouvons-leur que,
« comme Annibal (1), s'ils ont vaincu, ils ne
« savent pas profiter de la victoire. Montrez à
« la France que deux jours de station sur le
« pavé de la capitale et deux retraites succes-

-----

(1) Quand on sait, comme notre auteur, son histoire
naturelle sur le bout du doigt, il faut au moins le faire
voir. Bon nombre de lecteurs se demanderont ce que
c'était qu'Annibal. Il fallait prévoir cela et dire : Annibal
était un empereur grec qui enfonça les Albigeois à la
bataille de Salamine, et leur prit toute leur artillerie. On
a de l'érudition ou on n'en a pas, et quand on en a on le
prouve.

« sives n'ont pas émoussé le courage dont vous
« avez naguère encore donné des preuves si écla-
« tantes. Une manœuvre hardie peut nous as-
« surer la victoire : main-basse sur les lam-
« pions, main-basse sur les pékins ! L'heure du
« triomphe va sonner. Aux armes ! et que bien-
« tôt la plus profonde obscurité signale votre
« vaillance ! »

A cet énergique et superbe discours succédè-
rent les cris mille fois répétés de *A bas les lumières! et vive le ventre !* Le tambour bat ; chacun prend ses armes ; le commandement *par le
flanc droit et par file à gauche* se fait d'abord
entendre ; puis on se forme par sections en ligne,
et c'est ainsi qu'on s'avance en bon ordre jusqu'à la rue Saint-Denis, où l'on prend immédiatement position. Bientôt, à la lueur des feux
de joie, on aperçoit dans toutes les directions
des bandes nombreuses, portant pour uniforme
des tabliers et des bonnets de coton. Pleins d'au-
dace, les individus composant ce corps passèrent à plusieurs reprises devant nous, jusqu'à
la portée du coup de poing, criant comme des
enragés : *Des lampions ou la mort !* et brisant
à coups de pierres les croisées ténébreuses. A la
vue de ces gens, quelques uns des nôtres, im-

patients de signaler leur courage , firent un mouvement; mais il fut promptement réprimé par ordre supérieur. Je tiens pour certain qu'il n'y eut pas dix bons gendarmes par compagnie qui comprirent le but de cet ordre; mais cela ne pouvait m'échapper à moi, qui, ainsi que j'ai eu l'honneur de le dire au lecteur, ai l'avantage de voir ordinairement plus loin que mon nez. Je sentis tout de suite où l'on en voulait venir, et j'essayai de le faire comprendre à mon chef de file, en lui disant : *Les amis de nos amis...., suffit, c'est clair, et nous allons voir beau jeu!* Mais, me dit-il, il me semble que, si l'on cernait ces tapageurs......... A la bonne heure, repris-je, je sais bien que rien n'est plus facile; mais ce n'est pas le plan : si on les empoigne, la victoire est manquée.

Effectivement, j'avais bien deviné que les tapageurs en bonnet de coton n'étaient que des insurgés pour rire. Quand ils eurent cassé une honnête quantité de vitres, selon l'ordonnance, ils se retirèrent, et les pékins, qui nous avaient vexés d'une manière conséquente pendant les deux jours précédents, arrivèrent bientôt en foule pour voir de quoi il s'agissait : c'était là qu'on les attendait! Dès qu'ils furent réunis en nombre suffisant, nous fîmes un *à gauche*, on se forma par pelotons, et le feu commença.

Un grand homme qui, je crois, s'appelait Cicéron, disait qu'il n'avait jamais entendu le bruit du canon sans éprouver un tremblement involontaire : j'avoue donc que, aux premiers coups de fusil, je ressentis le même mouvement; et cependant, loin de nous résister, l'ennemi, dans les rangs duquel se trouvaient beaucoup de femmes et d'enfants, fuyait de toutes parts. Mais, malgré l'agilité de nos adversaires et le trouble dont je ne pus me défendre, je ne tardai pas à m'apercevoir que nos balles allaient beaucoup plus vite qu'eux. A la troisième décharge, les environs du marché des Innocents et du passage du Grand-Cerf étaient jonchés de morts et de blessés. Ceux qui échappaient à notre feu cherchaient à se réfugier le long des maisons; mais, par une manœuvre habile et digne des plus grands éloges, nous ouvrîmes les rangs pour laisser passer notre cavalerie, qui se distingua par des charges d'autant plus brillantes qu'elles furent exécutées à la lueur des feux de joie allumés par l'ennemi. A mesure que nous gagnions du terrain, des tirailleurs étaient envoyés dans les rues latérales, où ils eurent un égal succès;

et l'affaire paraissait terminée, lorsque les choses changèrent de face tout à coup. Un grand nombre d'insurgés, refoulés sur tous les points par des décharges continuelles, se précipitèrent dans la rue Saint-Denis ; et là, s'apercevant qu'ils étaient enveloppés, ils prirent la barbare résolution de se défendre. Aussitôt les échafaudages de plusieurs maisons en constructions furent jetés en travers de la rue, des charrettes furent accumulées, et l'ennemi, retranché derrière des barricades, se fit des armes de tout ce qui se trouva sous sa main.

Malgré l'ardeur qui nous animait, nous reconnûmes promptement le danger. On fit halte à portée de pistolet ; et, malgré le feu d'écailles d'huîtres, bien nourri, que les assiégés faisaient pleuvoir sur nous, nous gardâmes notre position sans reculer d'une demi-semelle, attendant le renfort qu'un trompette, fait aide-de-camp postiche sur le champ de bataille, était allé chercher. Sur ces entrefaites, un particulier s'approcha de notre commandant. « Monsieur, lui dit-il, n'oubliez pas que vous êtes destinés à protéger les citoyens, et non à les tuer ; réfléchissez, je vous prie..... — Apprends, faquin, répondit notre commandant, qu'un bon gendarme ne réfléchit jamais, et que, si ces canailles que nous tenons bloquées ne se rendent pas sur-le-champ, je ferai fusiller jusqu'au dernier. »

Au moment où il achevait cette belle et énergique réponse, plusieurs coups de feu se firent entendre ; nous ripostâmes par un feu de file, et le combat s'engagea. Mais bientôt le cri de ralliement, *A bas les pékins !* nous apprit que c'était aux nôtres que nous avions affaire. Le renfort demandé avait fait une manœuvre si habile qu'il arrivait sur les derrières des insurgés, qui se trouvèrent ainsi pris entre deux feux. Alors un vieux bourgeois, ayant mis sa tête à la fenêtre, s'écria : « C'est affreux ! Avez-vous bien le cœur de tirer aussi sur le peuple ? — Qu'appelles-tu *peuple,* vieille ganache ? répondit un brigadier : ne vois-tu pas que ce sont des maçons ? — Retire-toi, dit à son tour un camarade ; retire-toi, pékin, ou je te descends. » Il allait effectivement le mettre à l'ombre ; mais, déjà un autre avait mis en joue le braillard, auquel il coupa la parole d'un coup de fusil.

Cependant l'assaut venait d'être ordonné ; nous marchions au pas de charge, tambours derrière. Ce fut alors que la mêlée devint terrible : les écailles d'huîtres tombaient comme la grêle ;

il y en eut une qui ne passa pas à plus de six pouces de mon oreille droite, et une autre frappa si violemment le chapeau d'un brigadier, que son galon d'argent en reçut une forte contusion (1). D'un autre côté, les insurgés des maisons voisines, montés dans les mansardes, nous accablaient de bûches, de pots, et autres objets capables de couper la respiration aux plus robustes d'entre nous.

Le combat dura jusqu'à une heure du matin; mais comme il est écrit que tout doit finir icibas, cette glorieuse affaire se termina, et cela par plusieurs excellentes raisons : d'abord nous n'avions plus sur le champ de bataille d'ennemis vivants; en second lieu les barricades avaient été emportées d'assaut, et enfin, des cinq paquets de cartouches qui avaient été distribués à chacun de nous, il ne restait pas de quoi faire une fusée. Nous retournâmes donc au quartier, où une nouvelle distribution de liquide nous

_____

(1) Mon impartialité bien connue m'oblige à dire que ma caisse fut crevée par le même projectile, de sorte qu'il se fit dans cette circonstance *d'une pierre trois coups*.

fut faite, et, en vérité, cette fois nous ne l'avions pas volée. Toutefois, lecteurs, n'allez pas croire que le moment du repos était venu pour nous. Nous étions vainqueurs, c'est vrai, et nous pompions les huiles, c'était juste ; mais ça n'était pas, malgré ça, le cas de s'endormir sur le rôti, auquel, jusqu'au point du jour, nous fîmes un honneur tel que vous pouvez l'imaginer de la part de bons gendarmes vainqueurs et glorieux envers et contre tous.

Le lendemain 20 , la journée commença de manière à nous faire pressentir de nouveaux événements. Le commandant, ayant appris que les épiciers de la capitale avaient ouvertement pris parti contre les bons gendarmes, ajouta aux distributions dont j'ai parlé une certaine quantité de réglisse pour les braves qui, depuis le commencement des hostilités, avaient été atteints de rhumes de cerveau ; puis il fit un nouveau discours capable d'enflammer les plus indifférents ; il rappela tous les hauts faits de la veille, et, nous faisant entendre que le soir même nous aurions de nouveaux dangers à affronter, il finit en nous déclarant que tout le quartier était consigné, ce qui ne nous affligea que médiocrement, attendu que nous avions tous le plus grand besoin de repos. Cependant, *esclaves de leur fourniment,* nos braves ne se mirent sur le flanc qu'après avoir passé au blanc les buffleteries tachées en plusieurs endroits, et chacun attendit avec anxiété le retour des ténèbres.

Tels on vit naguère les vainqueurs du Trocadéro répéter sur tous les points de la France ce haut et brillant fait d'armes, tels les grands-maîtres des bons gendarmes se disposaient à donner une seconde représentation de la bataille du 19. A cette fin, les préposés à l'arrangement de cette fête élevèrent tranquillement de nouvelles forteresses avec les charettes des marchandes de légumes. Vers le soir, les briseurs de vitres, héros en bonnets de coton, dont nous avons parlé, furent lancés. En même temps nous sortîmes divisés en plusieurs colonnes. Bientôt les bonnets de coton disparurent au signal convenu, et les pékins, attirés de nouveau sur le terrain, furent obligés de se défendre. Mais cette fois la victoire nous coûta plus cher : nous comptâmes presque autant de morts que l'ennemi ; le sang coula de toutes parts ; je reçus simultanément trois coups de savate et deux coups de poing, et je tombai évanoui sur le tambour de la compagnie, homme de mérite, qui depuis long-temps fait du bruit dans le monde, et auquel, pour le récompenser du service qu'il me rendit dans cette circonstance, je prends la liberté de dédier la susdite histoire, persuadé qu'il n'en sera pas plus fier pour cela, et qu'il n'en battra pas le réveil un quart d'heure plus tôt (1).

---

(1) J'aime à voir que le camarade me rend justice. c'est particulièrement au talent qu'il appartient d'être modeste, et voilà pourquoi je n'en dirai pas davantage. Tambour discret, écrivain distingué, si l'on me voit prendre une baguette, ce ne sera jamais pour donner sur les doigts à la critique, et ce sera toujours au pas ordinaire que je marcherai à la postérité.

FIN.

OUVRAGES

CHEZ LES MÊMES LIBRAIRES.

Véritable Conducteur parisien, ou le plus complet, le plus nouveau, et le meilleur guide des étrangers à Paris, leur indiquant les moyens de connaître en douze jours tout ce que cette capitale renferme de curieux et d'utile à voir dans ses douze arrondissements, décrits séparément, par Richard, un fort vol. in-18 orné de vingt-deux vues des principaux monuments, et d'un nouveau plan de cette capitale. Prix : 4 fr.

Le Nouveau Conducteur de l'Etranger aux environs de Paris, par Taillard, un fort vol. in-18 avec un plan et six vues des environs de Paris. Prix : 4 fr.

Véritable médecine sans médecin, ou Science médicale mise à la portée de toutes les classes de la société, d'après les plus savants et les plus célèbres médecins, par Morel de Rubenpré, docteur-médecin, un vol. de 1,100 pages avec portrait. Prix : 7 fr. Cet ouvrage, indispensable à tous les ménages, obtient un succès toujours croissant, et mérite de n'être pas confondu avec les ouvrages portant à peu près le même titre et dans lesquels on ne rencontre qu'erreur et charlatanisme.

Grand désespoir des censeurs à l'occasion de la censure et de la chambre des députés ; mélodrame-pot-pourri en deux journées, par E. Debraux et Ch. Lepage. Prix : 3o c.

Sur la mort de la censure, de la chambre des députés, et sur la nouvelle fournée de pairs, sublime complainte de circonstance ; par un **député** du père Dénoyer, avec musique. Prix ; 3o c.

Les *Barricades de la rue Srint-Denis,* ou en v'la des charges, pot-pourri-bulletin des brillants combats livrés les 19 et 21 novembre par les bons gendarmes.

Les Osages en goguette, ou bien encore voici ce que l'on dit et voici ce que c'est ; par Cadet Rousselle, perruquier. Prix, 3o c.

Petite Histoire de la garde nationale, depuis son organisation jusqu'à son licenciement, par un de leurs camarades. Prix, 75 c.

Nota. On trouve aux mêmes adresses la collection de toutes les complaintes, pots-pouriris et autres petits in-32, publiés en 1826 et 27.